Dízimo
na catequese da Iniciação Cristã

Dízimo
Bênção de Deus

Edmundo de Lima Calvo

O testemunho
Celebrando a partilha

Edmundo de Lima Calvo

{ Dízimo }

Dízimo
na Catequese da Iniciação Cristã

Edmundo de Lima Calvo

Guia de implantação do dízimo

Edmundo de Lima Calvo

Edmundo de Lima Calvo

Dízimo
na catequese da Iniciação Cristã

Paulinas

Dados Internacionais de Catalogação na Publicação (CIP)
(Câmara Brasileira do Livro, SP, Brasil)

Calvo, Edmundo de Lima
  Dízimo na catequese da iniciação cristã / Edmundo de Lima Calvo.
– 1. ed. – São Paulo : Paulinas, 2013. – (Coleção dízimo)

  ISBN 978-85-356-3469-3

  1. Bênção 2. Dízimo 3. Oferta cristã 4. Vida cristã I. Título.
II. Série.

  13-02623   CDD-248.6

Índices para catálogo sistemático:
1. Dízimo : Serviço de Deus : Vida cristã : Cristianismo 248.6
2. Ofertas : Serviço de Deus : Vida cristã : Cristianismo 248.6

Direção-geral: Bernadete Boff
Editores responsáveis: Vera Ivanise Bombonatto
e Antonio Francisco Lelo
Copidesque: Mônica Elaine G. S. da Costa
Coordenação de revisão: Marina Mendonça
Revisão: Ana Cecilia Mari
Assistente de arte: Ana Karina Rodrigues Caetano
Gerente de produção: Felício Calegaro Neto
Projeto gráfico: Manuel Rebelato Miramontes
Fotos: Edmundo de Lima Calvo

1ª edição – 2013
3ª reimpressão – 2021

Nenhuma parte desta obra poderá ser reproduzida ou transmitida por qualquer forma e/ou quaisquer meios (eletrônico ou mecânico, incluindo fotocópia e gravação) ou arquivada em qualquer sistema ou banco de dados sem permissão escrita da Editora. Direitos reservados.

Paulinas
Rua Dona Inácia Uchoa, 62
04110-020 – São Paulo – SP (Brasil)
Tel.: (11) 2125-3500
http://www.paulinas.com.br – editora@paulinas.com.br
Telemarketing e SAC: 0800-7010081
© Pia Sociedade Filhas de São Paulo – São Paulo, 2013

Sumário

Apresentação 7
Introdução 9
1. O dízimo na catequese 12
2. O dízimo na Bíblia 18
3. Manter a comunidade com o dízimo 24
4. As festas 28
5. O dízimo salva e alegra o nosso coração 38
6. O jovem catequista 42
7. Os gestos 48
Conclusão 54

Apresentação

"Porque todas as coisas vêm Dele, por meio Dele e vão para Ele" (Rm 11,36).

Somos agraciados com este novo livro de Padre Edmundo de Lima Calvo, que oferece a oportunidade de refletirmos a importância da conscientização para o dízimo dos que se preparam para celebrar os sacramentos de iniciação cristã.

Em sua origem, o termo catequese se liga a um verbo que significa "fazer ecoar" (*Kat-ekhéo*). A catequese, de fato, tem por objetivo último fazer escutar e repercutir a Palavra de Deus (*Catequese Renovada*, n. 31), e acompanha o cristão na maturação da fé. E visto que a maioria dos que chegam às nossas comunidades para a catequese são crianças, adolescentes e jovens; podemos ajudá-los a viver a experiência da partilha desde a mais tenra idade, formando assim adultos conscientes de que o dízimo não é esmola, mas gesto de gratidão a Deus e de amor aos irmãos, pois tudo nos vem Dele.

"Ensina a criança no caminho em que deve andar, e, ainda quando for velha, não se desviará dele" (Pr 22,6).

A partilha é o grande dom que devemos cultivar, pois assim é nosso Deus, que nos envolve com sua graça e tudo nos oferece, até seu Filho Unigênito, que, por sua vez, partilhou conosco exemplos, ensinamentos, milagres, vida, alegria, cruz, amor, e que, por sua plena entrega ao Pai, atrai para todo gênero humano a Salvação, a Ressurreição, a Ascensão e a Páscoa sem fim.

Que a leitura e a meditação deste livro, repleto de citações bíblicas, seja para todos os catequistas e catequizandos um subsídio que os guie na Boa-Nova da Salvação e da Partilha, e desperte em muitos corações a força viva de uma nova comunidade onde todos possam sentir que saúde, amizade e trabalho são dons que Deus nos concede. Precisamos viver eternamente agradecidos por tudo o que Deus nos deu para a implantação do seu Reino aqui e agora, "glorificando a Deus com generosidade e não sendo mesquinho nos primeiros frutos que você oferece" (Eclo 35,7).

Grato, Padre Edmundo, pela sua colaboração com seus sábios escritos!

Na amizade em Cristo Jesus, a quem rogo que o abençoe profusamente,

Florivaldo Bertoletti.
Diácono Permanente
Comissão Bíblico-Catequética
Diocese de Piracicaba – SP

Introdução

Durante o período de catequese, a criança, o adolescente, o jovem ou o adulto devem ser instruídos sobre o preceito bíblico do dízimo. A catequese é o lugar de compreender que o dízimo vivido numa comunidade de fé não é uma taxa, um pagamento, uma prestação mensal, um imposto, e, sim, um gesto de ação de graças para com o Deus da vida. O dízimo é um gesto prático de manter uma comunidade de fé. É um milagre de Deus e só pode ser compreendido com os olhos da fé.

Pretendo mostrar para você que o dízimo em que acredito forma comunidade e une as pessoas em torno de Jesus, porque proporciona a partilha dos bens na comunidade. Onde há ambição não haverá união. Jesus Cristo nos reúne ao redor do altar para recordar seu sofrimento, sua morte e a sua ressurreição; o altar é o lugar onde entrega a sua vida ao partir o Pão, o seu Corpo. Ele pede que também partilhemos nossa vida e nossos bens.

A pessoa que participa da comunidade e tem a fé em Jesus irá cuidar do dízimo como um bem sagrado. A única função do dízimo é sustentar e manter a comunidade que anuncia a Boa-Notícia de Jesus Cristo.

O nosso objetivo é atingir aqueles que estão na catequese da iniciação cristã: os pais e padrinhos que se preparam para batizar, os que estão em idade de receber a Eucaristia, o sacramento da Crisma e todos os que foram batizados mas não evangelizados, que são a maioria.

Você está na catequese? Então leia com carinho este livro! Você é uma pessoa muito especial. Não importa a sua idade, o que interessa é que vai ler um livro que fala das maravilhas de Deus sobre o dízimo.

Já ouviu falar do dízimo na Bíblia? Não? A(o) sua(seu) catequista e você irão aprofundar o significado do dízimo bíblico.

Os capítulos estão ilustrados com belas fotos e frases. Fico feliz em poder compartilhar com você as maravilhas que Deus realiza por meio do dízimo. O dízimo é amor pela comunidade. A pessoa que ama sua Igreja sabe ser dizimista. Não deixe para iniciar a leitura amanhã, mas comece hoje. Não existe idade para ser catequizado. Enquanto estivermos nesta terra, devemos ser catequizados pela Palavra de Deus.

O missionário Paulo já catequizava com estas palavras: "Já que vocês aceitaram Jesus Cristo como Senhor, vivam como cristãos: enraizados nele, vocês se edificam sobre ele e se apoiam na fé que lhes foi ensinada, transbordando em ações de graças. Cuidado para que ninguém escravize vocês através de filosofias enganosas e vãs, de acordo com tradições humanas, que se baseiam nos elementos do mundo, e não em Cristo" (Cl 2,6). A nossa fé está enraizada na pessoa de Jesus.

A leitura da Bíblia deve partir de Jesus Cristo, o nosso verdadeiro catequista. Já beijou a Bíblia? Santo Agostinho disse: "Beijar a Bíblia é beijar o rosto de Deus". Pegue a sua Bíblia, beije-a e comece a sua leitura.

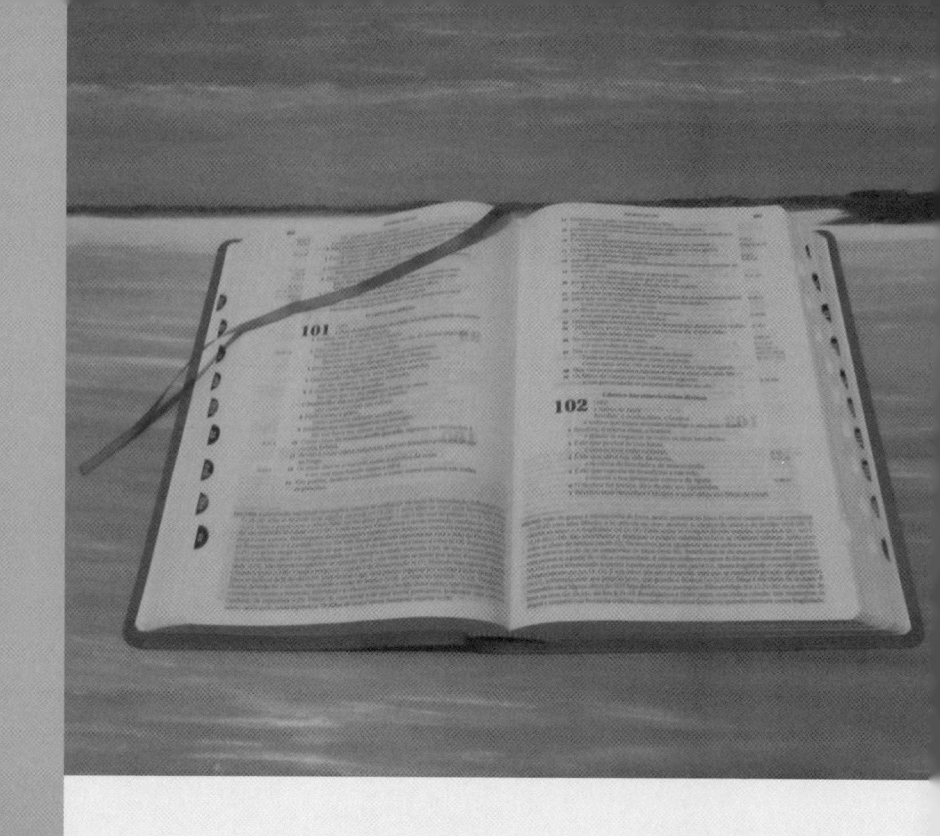

1. O dízimo na catequese

Catequese é aprendizado, vivência, discipulado. Nela o cristão é educado na fé por meio de ensinamentos que não se restringem à simples instrução e muito menos se resumem a uma forma de aprendizado escolar. A catequese é caminho a ser percorrido, o qual encontra nas coisas sagradas a justa medida do que necessita para ser conhecido, contemplado e celebrado.

Na vida, assim como na catequese, um elemento essencial para se cultivar é a educação. Para conhecer o mundo que a rodeia, a criança é educada desde a infância. Educar é diferente de apenas transmitir conhecimentos. A catequese não é aula. Desde o início da Igreja, a catequese coloca-se como a grande educadora para que a pessoa tenha consciência de sua fé.

A fé cristã fundamenta-se na Palavra de Deus e está alicerçada na doutrina. O *livro por excelência da catequese* é a Bíblia, a fonte de toda a catequese. Os documentos da Igreja ampliam o conhecimento sobre ela, mas nada a substitui.

Em nossa comunidade as crianças já levam a Bíblia para as celebrações. Elas aprendem na catequese que a Bíblia é o livro da fé cristã. A pessoa, para abrir a Bíblia, precisa de uma boa orientação, portanto, não podemos colocá-la nas mãos das crianças sem uma explicação dos textos.

Certo dia, cheguei a uma comunidade e uma senhora de 70 anos contava-me que antes a igreja enchia de gente. Coloquei a mão no queixo, pensei e perguntei: "O que aconteceu?". Ela respondeu: "O povo está ficando velho". O segredo foi fácil de desvendar. As pessoas ficavam anos e anos na mesma pastoral e não abriam espaço para novos integrantes; e à medida que morriam, a comunidade ia sendo sepultada.

A Catequese da Iniciação Cristã é o alicerce da Igreja. Uma comunidade que não tem catequese bíblica está condenada a morrer.

Como está a sua comunidade? Você, catequizando(a), deve ser instruído(a) para viver a fé no seio de sua comunidade.

Na catequese de nossa comunidade falamos da criação de Deus e do amor de Jesus por nós. A pessoa de fé acredita que tudo o que temos foi Deus quem criou. Daí abordamos o dízimo como fruto da criação para vivê-lo como coisa consagrada a Deus. Deus precisa de pessoas que saibam proteger e cuidar dos seus bens para que seu plano de amor seja espalhado pelo mundo.

Viver a Palavra de Deus em nossa vida é o fogo que crepita e transforma o coração. "Eu sou a luz do mundo", disse-nos Jesus. A Palavra de Deus traz vida e coragem para vivermos em comunidade.

Família

O valor da vida está na família. A família deve ser preservada. Hoje, diminuiu muito o diálogo entre pais e filhos. A criança pode ter amigos e se divertir, mas, quando volta para casa, é imprescindível conversar com os pais e receber afeto. Por isso, vamos estimular as relações de carinho entre pais e filhos. O carinho é uma necessidade no mundo de hoje. O abraço está ficando cada dia mais difícil.

O ambiente familiar, apesar de passar por uma forte crise, é o mais adequado para instruir a criança na fé. A casa é o lugar de partilhar as coisas de Deus. A mesa é o lugar de catequizar: ao seu redor podemos dialogar e anunciar a Boa--Nova de Jesus Cristo. O cristianismo iniciou-se ao redor de uma mesa. Jesus sentou-se à mesa com publicanos e pecadores e ali evangelizou; antes de partir, reuniu os doze para cear a Páscoa. Daí vem, pelo menos uma vez ao dia, a necessidade de a família se reunir para uma refeição comum. Infelizmente, quase sempre não é no lar familiar que se escuta a Palavra de Deus, mas na catequese.

É desafiador aos pais catequizar os filhos nesta atual realidade urbanizada. O segredo é acolher. Normalmente, para colaborar no orçamento familiar, a mãe trabalha fora e tem uma jornada dupla, com o serviço de casa, quase não lhe sobrando tempo para educar os filhos. O papel do pai, na maioria das vezes, ainda é reduzido dentro de casa; e o pior é quando a família é constituída sem ele. Com isso, a criança acaba ficando em segundo plano.

Catequizar exige disponibilidade. Hoje, falta tempo para os casais se encontrarem, por isso conversam pouco, não lhes sobrando tempo para bater um papo. Nesse contexto, a Igreja é chamada a ser a família das crianças, dos adolescentes, dos jovens e adultos; então, deve ir ao encontro deles para inseri-los na vida da comunidade cristã.

A catequese é o local de formar amizade. A comunidade não precisa ter uma multidão de gente, mas ser formada por um pequeno grupo. É bacana as crianças conviverem juntas na catequese e, quando se tornam adolescentes, formarem a sua "tribo". É uma família crescendo com valores cristãos. A união é catequese. Formar novas amizades é catequizar.

> Você dialoga com seus pais? Como é a conversa? O que você aprende em casa?

Família, partilha e catequese

A celebração da Santa Eucaristia em família é uma forma de catequese. Na cidade grande, nas vilas ou nos lugares com poucas famílias, rezar junto é uma bênção. A bênção acontece quando as pessoas partilham a sua vida em Cristo e ficam mais próximas umas das outras. É belo olhar para as crianças sentadas no chão escutando o padre junto com os adultos. É a família de Deus reunida.

O que une as pessoas nas celebrações nas casas das famílias é a partilha dos alimentos ao redor da mesa; isto significa voltar ao início do cristianismo. A dona da casa convida as pessoas para saborearem chá, café ou suco. É a família de Deus partilhando os dons uns com os outros. Conversar junto, em família, salva a vida de muitas pessoas.

> Sentem e comam com seus amigos.

A catequese familiar ajuda as pessoas a partilhar. A partilha é o centro da vida cristã. As crianças sentem-se valorizadas quando repartem um pedaço de pão com o outro. Repartir o pão é ser grato a Deus. A criança que desde cedo se relaciona bem com outras crianças aprenderá com maior facilidade a repartir e, possivelmente, quando crescer, será menos egoísta. Partilhar é nossa meta. Essa realidade pode ser vivida em qualquer lugar.

2. O dízimo na Bíblia

A Bíblia relata a história de várias culturas com estilos diversos e foi construída a partir da vida dos povos da terra. Ela pode ser adaptada de acordo com a realidade de cada pessoa. A Bíblia é o tesouro onde se busca o amor infinito de Deus. Por quase mil anos, seu conteúdo foi transmitido oralmente: Deus falando na história da humanidade. Depois, reuniu-se essa tradição em um conjunto de textos de inesgotável valor para os que têm fé. A cultura israelita e a cristã fazem parte desses escritos.

A Palavra de Deus, contida na Bíblia, é viva e eterna. Não podemos prendê-la dentro de uma gaiola ou moldá-la de acordo com nosso limitado pensamento, pois ela é maior do que isso. Partindo da Palavra de Deus, o dízimo é uma fonte inesgotável de bênçãos.

Um padre questionou-me: "Por que o nosso dízimo está se reduzindo? O que está acontecendo?". Peguei a Bíblia e deixei que o profeta Isaías lhe respondesse: "Os meus projetos não são os projetos de vocês, e os caminhos de vocês não são os meus caminhos – oráculo de Javé. Tanto quanto o céu está acima da terra, assim os meus caminhos estão acima dos caminhos de vocês, e os meus projetos estão acima de seus projetos" (55,8-9). No dia em que deixarmos de ouvir a Palavra de Deus, tudo perderá o sentido. Não podemos esquecer-nos de que, sem fé, abandonamos a Deus. Às vezes, realizamos belos projetos no papel e esquecemo-nos de viver a fé enraizada na Palavra de Deus. O dízimo é um projeto de fé com Deus.

Na catequese aprendemos que o dízimo e a oferta são frutos de nossa fé. Não podemos ser dizimistas se não acreditamos nas palavras sagradas da Bíblia. Na Igreja, nenhuma pessoa é obrigada a ser dizimista ou entregar a sua oferta. Tudo deve brotar livremente do seu coração. Fazer algo obrigado não é um ato de fé. A fé é um ato livre. O que é feito com alegria agrada a Deus. É a partir do coração de uma pessoa de fé que brota o dízimo.

A fé é real. Jesus ressuscitou para mostrar que a fé na vida eterna é concreta. Igualmente, o dízimo deve ser compreendido a partir da fé para se tornar realidade. Sem fé, o cristão não se torna dizimista.

O dízimo

A palavra dízimo na língua hebraica significa a décima parte. Hoje ela é traduzida no meio popular como "10 por cento". Se não formos instruídos desde cedo sobre o termo dízimo, ele poderá representar apenas 10 por cento. É importante que o dízimo seja entregue com alegria e experimentado a partir da fé bíblica. Se a pessoa não puder entregar a décima parte, não significa que ela não faça a experiência com Deus. Há aqueles(as) que consagram a Deus mais do que isso. São melhores? Não. É uma atitude pessoal com Deus. Não há uma receita com relação à fé. Somente quem tem fé poderá saborear o milagre do dízimo em sua vida. Inicie-o hoje e faça dele um projeto de Deus em sua vida.

O dízimo é fruto da fé

No decorrer da história o dízimo já foi um imposto. Imposto significa obrigação. Obrigar é um ato humilhante. O dízimo deve ser consagrado a Deus como um gesto de gratidão pela vida.

Há pregadores que afirmam que o dízimo é do passado, ou seja, do Antigo Testamento. O Antigo Testamento ou Primeiro Testamento também não faz parte da Bíblia e da fé cristã? Abraão não é o Pai de nossa fé? Concordo que há pregadores que fazem do dízimo um negócio com Deus. Isso não é bíblico nem educa os fiéis para viverem em comunidade.

Você sabia que, antes de Abraão, o primeiro dizimista, já existia o dízimo dos pagãos? Os cristãos já superaram o dízimo do Antigo Testamento?

O Novo Testamento não explicita o preceito bíblico do dízimo como no Antigo Testamento. Jesus é um judeu praticante e afirma que não veio abolir a Lei, mas cumpri-la (cf. Mt 5,17-18). Portanto, o preceito do dízimo do Antigo Testamento permanece. A missão de Jesus consistiu em salvar as pessoas do egoísmo e em pregar o Reino da justiça e da paz; portanto, ele aperfeiçoa esse preceito com o mandamento novo do amor sem limites, até a entrega da própria vida, assim como realizou na cruz.

Se Jesus acreditava nas Escrituras, por que não podemos acreditar? O dízimo é bíblico. O que não é bíblico é fazer negócio com Deus.

De acordo com aquilo que vivo, o dízimo é um meio de sustentar a comunidade que professa a fé no Deus de Jesus Cristo. Dízimo é demonstração de fé. Se a pessoa não acreditar na Palavra de Deus, nunca será dizimista. O grande missionário Paulo afirma: "De fato, todos vocês são filhos de Deus pela fé em Jesus Cristo. E se vocês pertencem a Cristo, então vocês são de fato a descendência de Abraão e herdeiros conforme a promessa" (Gl 3,26.29). Somos descendentes de Abraão, o primeiro dizimista. Você se considera filho de Abraão, o pai de nossa fé?

"Todos os dízimos do campo, seja produto da terra, seja fruto das árvores, pertencem ao Senhor como coisa consagrada do Senhor. Os dízimos de animais, boi ou ovelha, isto é, a décima parte de tudo que passa sob o cajado do pastor, é coisa consagrada ao Senhor" (Lv 27,30.32). O dízimo é consagrado ao Senhor. Consagrando o nosso dízimo nos tornamos fiéis ao projeto de Deus. O plano de Deus é que a humanidade seja salva do egoísmo, da ganância, da ambição, da inveja, do individualismo, e que as pessoas vivam em paz. A paz é fruto da justiça. Uma pessoa consagrada à obra do Senhor é justa.

O pacto de Jacó

O dízimo opera maravilhas e a obra do Senhor é abençoada. Pessoalmente me sensibilizo todas as vezes que leio e medito a passagem na qual Jacó faz um pacto com Deus. Jacó representa todo o povo de Israel, a nação escolhida por Deus.

Gostaria que o(a) catequizando(a), ao ler essa passagem, a colocasse no seu coração: "Se Deus estiver comigo e me proteger no caminho por onde eu for, se me der pão para comer e roupas para vestir, se eu voltar são e salvo para casa de meu pai, então Javé será o meu Deus. E esta pedra que ergui como estela será uma casa de Deus, e eu te darei a décima parte de tudo o que me deres" (Gn 28,20-22).

Jacó não pediu coisas grandiosas, mas o que precisamos para viver. Você acha que Deus iria abandoná-lo? Deus jamais abandona os seus filhos. Jacó, confiante, disse que construiria a Casa de Deus.

Diante das maravilhas de Deus, vamos nos calar e agradecer por tudo o que ele nos dá. A décima parte pode ser um nada diante da generosidade divina.

O dízimo é fonte de salvação.

3. Manter a comunidade com o dízimo

Sinto que há um vazio na catequese com relação à conscientização do sustento da comunidade eclesial. O dízimo foi introduzido na Igreja Católica do Brasil como meio de sustentar e manter as necessidades da comunidade, eliminando o sistema de taxas.

A Igreja está no mundo e precisa das coisas deste mundo para manter o projeto de Deus. O dízimo livra a Igreja de ter que pedir esmola. O dízimo é a Igreja em ação. Não conheço nenhuma denominação religiosa que se sustente sem a contribuição do povo. Você conhece alguma Igreja que não paga a conta de água, luz, telefone, livros de catequese, entre outras taxas?

Pergunto: não é mais saudável uma comunidade se manter com o dízimo do que montar um bar para pagar suas contas? Como podemos ser contra o dízimo, se nossa Igreja, ainda, se mantém em sua grande maioria com promoções, festas, leilões etc.

Mãos à obra

Como estão as suas mãos neste momento? Elas não são obras de Deus? O que fazemos com as mãos? Lavamos nossa roupa, cuidamos do jardim e da roça, fazemos comida, limpamos a casa, escrevemos, plantamos, guiamos, colhemos, oramos e abençoamos. A mão não é uma bênção?

Durante um tempo, a minha comunidade não vivia do dízimo e não tinha recursos para comprar os livros e distribuí-los, a fim de que o povo lesse e tomasse consciência do preceito bíblico do dízimo. O que fizemos? Preparamos e vendemos salgados para pagar os livros. Isso foi uma das maiores bênçãos que aconteceram em nossa comunidade. Como disse a nossa secretária: "Nunca fizemos tantos salgados como naquele dia. Porém, valeu à pena, porque nunca mais precisamos fazer algo para ser vendido para manter as necessidades da comunidade paroquial". A partir daquela data, a paróquia manteve-se com o dízimo e a oferta dos fiéis. Acredita? A sua comunidade pode viver do dízimo e da oferta dos fiéis.

É vibrante estar numa comunidade que vive da partilha comunitária. A Palavra de Deus é sempre nova. Deus é o novo que nasce no coração de cada um de nós. Abrace essa causa e veja como o milagre de Deus transformará o seu coração. *Entregar o dízimo na Casa de Deus não deixa ninguém rico de bens materiais, mas da graça de Deus. Você não é uma bênção de Deus? Se você é filho(a) do Criador de todas as coisas, então entregue de coração livre o dízimo na sua Igreja. Isso é bênção.*

O dízimo que acredito e que prego é o que promove a comunhão e a partilha entre as pessoas da comunidade cristã.

ARQUIDIOCESE DE MANAUS
Plano de Evangelização da Arquidiocese de Manaus
Discípulos Missionários a serviço da Vida
Dízimo
Bênção de Deus
Guia de implantação do dízimo
O testemunho
celebrando a partilha
do Dízimo

4. As festas

A festa é uma tradição das civilizações. No Brasil, as festividades religiosas com procissões, romarias, círios... já estão no sangue de nosso povo. As realizadas pelas comunidades cristãs são lindas. Pessoalmente, gosto de participar dessas festas, há algo diferente nelas, pois cada comunidade tem um modo próprio de ser. Já participei de festas religiosas em que o ambiente era agradável, as pessoas se encontravam, conversavam e viviam um clima de comunhão.

Festejar é viver a alegria de Deus.

No entanto, em outras não conseguia nem conversar, porque pessoas embriagadas não deixavam. Não é muito bom escutar coisas que não nos agradam. O pior é essas pessoas aproveitarem-se do momento para desabafar tudo o que trazem guardado dentro delas. É triste, mas é uma realidade cada vez mais constante em nosso meio.

A cidade leva as pessoas ao estresse por causa de situações como competição no trabalho, poluição do ar e barulho. Os meios de transportes lotados e os frequentes engarrafamentos se transformam num formigueiro humano, algo cruel de se viver. Nesse ambiente "eletrizante", de um lado a Igreja é chamada a ser sinal de vida e, de outro, o álcool é tido como o caminho mais fácil para "esquecer" o sufoco deste mundo frenético e acalmar o estresse. Quando bebemos, o álcool nos dá uma falsa alegria, mas no outro dia estamos "mortos".

Vivi em uma comunidade que fazia festas com fins lucrativos e vendia bebida alcoólica para se manter. Eu não questionava, porque me diziam que era tradição. Um dia, diante do

Santíssimo Sacramento, perguntei ao Senhor se estava certo vender bebida nas festas e na missa apontar as mazelas do excesso de álcool? Também porque eu bebia alguns goles de cerveja com o pessoal. Não era festa? Devia aproveitar o momento. Fiquei meio confuso diante do dilema de eliminar a bebida alcoólica. Isso fez parte de minha vida pessoal e sacerdotal. Não foi fácil mudar.

Como sustentar a comunidade, se não entendia nada sobre o dízimo? O que era dízimo? Queria ser uma pessoa convertida. Acredito que podemos mudar diariamente. Não existe mágica. A fé exige renúncia. A nossa vida precisa ter sentido. Se nós não valorizarmos a vida, desanimamos.

O anúncio da Palavra de Deus não é um caminho fácil. É possível viver do dízimo da oferta do povo de Deus? Sim. Entregue sua vida ao Senhor Jesus Cristo. Entregar é renunciar. Renunciar a uma droga lícita não é fácil. Se conseguirmos eliminar a bebida alcoólica de nossas festas religiosas, será um milagre. Não fale a palavra proibição, e sim instrução. A catequese é instrução e não imposição. Faça tudo com amor e respeite o outro ser humano. O amor salva o irmão. Perdoe sempre e você verá a bênção de Deus penetrar no seu coração. Não condene, mas ame.

Consagrar o dízimo

Certa vez, cheguei numa comunidade para fazer a animação do dízimo. Nessa comunidade tudo era comprado e vendido. Era festa da pizza, do pastel, do prato... Se uma criança, um adolescente, jovem ou adulto só escuta no final das missas sobre a venda de objetos, é claro que irão pensar que a Igreja está rica. Um comerciante se enriquece com o lucro da venda dos produtos de seu estabelecimento. Por acaso, a Igreja é um estabelecimento comercial? Não! É lugar de adoração, de louvor e de ação de graças.

Sentei-me num lugar calmo no fundo da igreja e uma senhora rica veio ao meu encontro e me disse: "Não aguento mais ouvir falar de dinheiro na igreja". Levantei-me, olhei para ela com calma e respondi: "Não quero falar de dinheiro, mas da Palavra de Deus". Inconformada, repetiu com mau humor: "O assunto é dízimo? Não preciso ouvir, porque já sou dizimista!!!". Na realidade, ela nunca entregou o seu dízimo à igreja, porque, na visão dela, a Igreja era rica.

O dízimo saboreado e degustado com fé na Palavra de Deus é magnífico. Não é bom viver numa comunidade que se mantém com o dízimo e a oferta dos fiéis? *Seja um servo de Deus consagrando o dízimo de coração na Casa do Senhor, Deus de bondade. Comunidade farta é comunidade que vive da partilha dos seus membros.*

A Palavra de Deus afirma: "Quando oferecer alguma coisa, esteja de rosto alegre, e consagre o dízimo com boa vontade" (Eclo 35,8). Consagre o dízimo com alegria. A comunidade que é mantida pelo dízimo é um lugar repleto de bênçãos. Faça parte dessa comunidade abençoada. Simplesmente seja humilde e consagre o seu dízimo.

A conversão

Nossa comunidade fez uma opção clara para viver em comunhão a partir do dízimo e da oferta. As festas, como quermesse, bingo, gincana, tardes recreativas com as crianças, adolescentes, jovens e adultos, não têm fins lucrativos e são sustentadas pelo dízimo e pela oferta dos fiéis. Consagramos o dízimo e a oferta para Deus e, então, colhemos os frutos como imagem e semelhança dele.

Como retiramos a bebida alcoólica de nossas festas? Dialogando e mostrando que a bebida alcoólica traria mais desunião do que união. Isso foi decidido em comunidade. Em nossa comunidade existe algo bonito. A maioria dos que participam da Pastoral do Dízimo é formada por pessoas que pararam de beber. A comunidade foi a salvação deles. Não proibimos ninguém de beber. A pessoa é livre para beber onde quiser, mas a comunidade optou pela retirada da bebida alcoólica de suas festas. Foi um processo natural. Isso é catequese. Instruir sobre as coisas consagradas a Deus.

É bonito festejar os santos. O padroeiro é o mestre da comunidade. Existem comunidades que esperam chegar a festa do padroeiro para arrecadar fundos para pagar ou reformar os seus templos. Já perdi muito tempo discutindo sobre como seria a festa do padroeiro. Era muito estressante. Hoje me sinto "salvo" dessas reuniões. Uso o tempo para evangelizar. O dízimo e a oferta sustentam a comunidade. Tudo é partilhado. O ambiente é agradável e as pessoas trabalham com muita alegria. Ninguém reclama se alguém está trabalhando mais do que o outro.

Na festa dos padroeiros é feito o bolo do santo. Os ingredientes são comprados com o dízimo do povo. Há pessoas de boa vontade que ajudam com alguns ingredientes. No final das celebrações, os missionários distribuem o bolo e os refrigerantes com boa vontade para as pessoas que vieram participar da festa. Nada é comprado ou vendido. Tudo é partilhado. Não há pobre ou rico. Todos são iguais. Não há privilegiados. As pessoas querem ajudar umas as outras. Não faltam pessoas para servir. É muito gratificante viver num ambiente como esse. Isto é uma realidade que vivo com os meus paroquianos. A ganância destrói o ser humano. Não precisamos de muito para viver.

Na foto da página 37, Dom Fernando Mason, bispo de Piracicaba e de nossa Paróquia de São Francisco, abençoa o bolo do padroeiro.

A nossa paróquia é organizada em rede e os trabalhos envolvem todas as pessoas. Em nossa quermesse junina não há nada comprado ou vendido. Todos partilham. As pessoas trazem de casa pipoca, bolo, cachorro-quente, milho, algodão-doce etc. A rede de comunidades fica responsável por fazer arroz-doce, polenta e outras iguarias. Substituímos o quentão com álcool pelo chá de gengibre e pelo chocolate quente para esquentar o frio. O ambiente da festa é enfeitado com bandeirinhas confeccionadas pela comunidade. A mesa fica repleta e as pessoas passam por ela e comem sem precisar ir ao caixa. É uma bênção de Deus.

Envolvemos as crianças da catequese, os adolescentes, os jovens e os adultos nos preparativos da festa. É bonito olhar para uma comunidade onde todas as pessoas estão envolvidas, a serviço do bem comum. Isso é sinal do Reino de Deus. É festa. A poeira levanta quando começa o forró com as quadrilhas.

Festejar é sentir o fogo ardente de Deus em nosso coração. Ao redor de uma fogueira celebramos a vida. A festa é um momento belo, quando tudo é partilhado. Não há algo mais bonito do que viver numa comunidade onde se festeja com alegria, sem a bebida alcoólica. Prepare a sua quermesse partilhando o pouco que se tem com o outro. Festeje! A festa é legal! Gosto de dançar quadrilha e forró. Aproveite a sua cultura para viver o milagre de Deus por meio do dízimo e da oferta.

> A comunidade é o melhor lugar para compartilhar a nossa vida.

O missionário Paulo nos catequiza, quando afirma: "Portanto, meus amados, obedecendo como sempre, não só como no tempo em que eu estava aí presente, mas muito mais agora que estou longe, continuem trabalhando com temor e tremor, para a salvação de vocês. De fato, é Deus que desperta em vocês a vontade e a ação, conforme a sua benevolência. Façam tudo sem murmurações e sem críticas, para serem inocentes e íntegros, como perfeitos filhos de Deus que vivem no meio de gente pecadora e corrompida, onde vocês brilham como astros no mundo, apegando-se firmemente à Palavra da vida" (Fl 2,12-16). A vida está acima de tudo. Trabalhar na comunidade como comunidade é uma graça divina.

O argumento que ouço de alguns líderes religiosos e leigos com relação às festas religiosas é que não se pode romper a tradição da Igreja de uma hora para outra. Tudo dependerá do caminho que a comunidade fará. Não poderei dar uma receita pronta sobre esse assunto. Uma festa sóbria é legal. No mundo onde imperam a ganância e o individualismo, é uma bênção afirmar que a comunidade cristã se mantém com o dízimo e a oferta dos fiéis.

Comunhão e partilha

O grego é a língua original do Novo Testamento e nele a palavra *koinonia* aparece 19 vezes: 12 vezes com o sentido de comunhão, 3 como partilha, 2 como participação e 2 como contribuição. O peso maior está no sentido de comunhão. Aparece pela primeira vez no livro dos Atos dos Apóstolos: "Eram perseverantes em ouvir o ensinamento dos apóstolos, na *comunhão fraterna*, no partir do pão e nas orações" (2,42). A comunhão fraterna é fundamental para que haja partilha. A comunidade é o local onde as pessoas se reúnem para orar, conversar, comer e se divertir. Isso é possível em pleno século XXI? Sim. Tudo depende dos líderes. A liderança é fundamental na vida comunitária.

A igreja não é apenas um prédio. Ela é povo de Deus em missão permanente. Há belos prédios de mármore e de granito, mas em muitos deles a vivência comunitária é quase inexistente. Se não houver vida comunitária, não há partilha. Sabemos que, apesar do individualismo do mundo, da competição e da ganância presentes nas relações, ainda podemos formar uma comunidade que aprendeu a partilhar, porque é mantida pelo dízimo.

Creio que poderíamos investir na formação catequética para que a comunidade se conscientizasse do valor do dízimo e da oferta de acordo com a Bíblia, para dessa forma garantir a partilha. É um caminho que exigirá constante empenho por parte dos líderes. Um catequizando que aprende a entregar o seu dízimo é uma fonte de bênção em sua igreja.

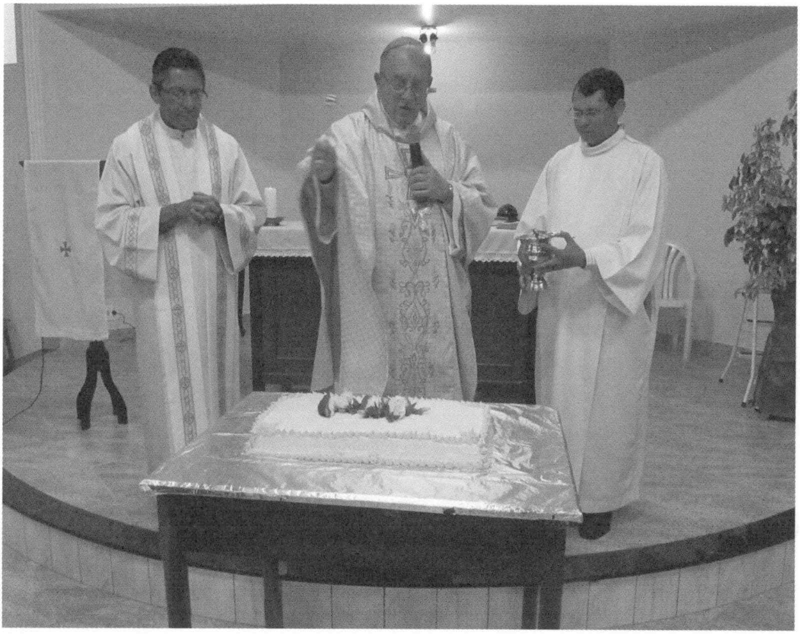

5. O dízimo salva e alegra nosso coração

Em nossa comunidade há crianças, adolescentes, jovens e adultos sendo salvos pelo dízimo. Lá ajudamos a internar dependentes químicos que não têm condição de pagar a sua internação. Sinto que o dízimo entregue com fé na Casa de Deus é uma fonte de graça. Não há maior graça do que salvar uma vida. A vida está acima de tudo. Não adianta olharmos para uma pessoa e fazer de conta que aquilo não é da nossa conta. O álcool é uma droga que destrói vidas e famílias. É um caso tão sério que, por onde se anda, há uma advertência: "Não beba no volante", "O álcool causa dependência", "Beba com moderação", "A bebida mata mais do que uma epidemia de dengue", "A venda de bebida alcoólica a menores de 18 anos é crime", e as frases se multiplicam. Não quero entrar na questão moralista da palavra proibir. Prefiro sempre a palavra conscientizar. Uma pessoa consciente sobre a sua vida irá valorizá-la. O diálogo sempre é a melhor saída para qualquer situação. O segredo da vida é ter a capacidade de compreender a si mesmo e o outro. Como a vida é um mistério, é bom calar e ouvir a voz de Deus.

    A libertação de um dependente é um processo doloroso. O álcool é uma droga lícita que abre caminho para todas as outras. Um fato com o qual me deparo no acompanhamento dessas pessoas é que há sempre alguém que as inicia. Dificilmente as experiências começam na idade adulta. Há sempre uma pessoa por trás da criança. Todos os casos que atendi iniciaram-se na infância, numa brincadeira de bar ou numa festa.

Você que está na catequese já se encantou por Jesus? Sim! Legal. Ele é o instrutor da partilha. Ajude a salvar uma vida. Podemos salvar uma vida entregando o dízimo e a oferta de coração livre, na Casa de Deus. Consagrando o dízimo e a oferta, a sua comunidade será um lugar de paz. Quem não gosta de viver num lugar onde as pessoas se amam? Uma comunidade que vive da fé é feliz. Não há maior alegria do que olhar para um povo de rosto alegre e desfrutar a beleza de Deus na face de cada irmão. Como está a sua comunidade? Há alegria nas festas? Você se sente uma pessoa abençoada por Deus? Já entrega o seu dízimo na Casa de Deus?

O dízimo é um milagre de Deus.

A palavra dízimo pode ser pesada para quem duvida da graça de Deus. Você que ama a Deus não tenha medo de fazer uma experiência de fé por meio do dízimo e da oferta. O dízimo e a oferta bem aplicados na obra de Deus são uma bênção. Salvar uma vida é saber que Deus é tudo para nós. Salve-se e ajude a salvar a vida de seu irmão entregando o dízimo e a oferta na Casa de Deus. Não deixe para amanhã. Comece hoje.

> Salve uma vida consagrando o seu dízimo na Casa de Deus.

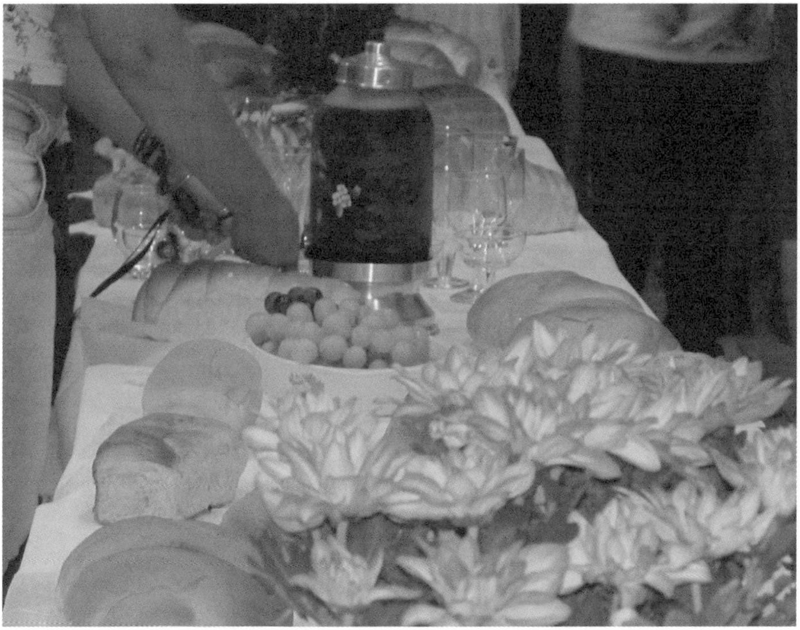

6. O jovem catequista

A catequese é o lugar de instruir contra o preconceito e a discriminação. O evangelista Lucas narra que Jesus não tinha preconceito nem discriminava as pessoas. Ele aceita o ser humano como é.

Convido você a ler esta belíssima passagem sobre o jovem Zaqueu: "Jesus tinha entrado em Jericó, e estava atravessando a cidade. Havia aí um homem chamado Zaqueu: era chefe dos cobradores de impostos, e muito rico. Zaqueu desejava ver quem era Jesus, mas não o conseguia, por causa da multidão, pois ele era muito baixo. Então correu na frente e subiu numa figueira para ver, pois Jesus devia passar por aí. Quando Jesus chegou ao lugar, olhou para cima e disse: 'Desça depressa, Zaqueu, porque hoje preciso ficar em sua casa'. Ele desceu rapidamente e recebeu Jesus com alegria. Vendo isso, todos começaram a criticar, dizendo: 'Ele foi se hospedar na casa de um pecador!' Zaqueu ficou de pé e disse ao Senhor: 'A metade dos meus bens, Senhor, eu dou aos pobres; e, se roubei alguém, vou devolver quatro vezes mais'. Jesus disse: 'Hoje a salvação entrou nesta casa, porque também este homem é um filho de Abraão. De fato, o Filho do Homem veio procurar e salvar o que estava perdido'" (Lc 19,1-10).

Gostou? O jovem Zaqueu não foi forçado a devolver uma grande quantia aos pobres. Ele simplesmente entregou livremente o que possuía. Jesus se oferece para dormir na casa dele. Tudo muito simples. Não há maior alegria do que fazer as coisas com liberdade e simplicidade de coração. Recebemos tudo de Deus e para Deus voltaremos. Habitamos no coração de Deus. O gesto de Jesus deve ser seguido por você. O gesto de Zaqueu foi o de partilhar o que tinha com o outro. Seguindo a conversão espontânea de Zaqueu, igualmente o dízimo deve ser consagrado com amor e alegria de coração para o bem comum da Igreja. Não há uma bela pregação do dízimo por meio da imposição. Tudo na vida deve ser feito com liberdade.

O que me chama a atenção é o que Jesus diz sobre o jovem Zaqueu: "Hoje a salvação entrou nesta casa, porque também este homem é um filho de Abraão". Zaqueu é filho de Abraão, porque acreditou em Deus. Jesus era um judeu praticante e Zaqueu com certeza não era um jovem que vivia na sinagoga. Abraão foi o primeiro dizimista. Os cristãos são filhos de Abraão pela fé. Se somos filhos de Abraão pela fé, então podemos ser dizimistas sem imposição, porque acreditamos que Deus é nosso Pai e precisa de nossa colaboração para que seu projeto de amor seja realizado nesta terra. O dízimo é fruto de uma fé viva.

Dízimo e simplicidade

O missionário Paulo de Tarso deixa esta bela instrução aos catequizandos: "... tenham uma só aspiração, um só amor, uma só alma e um só pensamento. Não façam nada por competição e por desejo de receber elogios, mas por humildade, cada um considerando os outros superiores a si mesmo. Que cada um procure, não o próprio interesse, mas o interesse dos outros. Tenham em vocês os mesmos sentimentos que havia em Jesus Cristo" (Fl 2,2-5). O dizimista é uma pessoa humilde. O testemunho que sai de sua boca é atraente e conquista. No coração dos simples Deus se faz presente. É com o dízimo e a oferta dos humildes da terra que a Igreja será salva da ganância. Acredite: Deus está do lado dos simples. Não tenho nenhuma dúvida sobre a opção de Jesus pelos humildes da terra. Uma comunidade que é sustentada e mantida pelo dízimo constitui um povo humilde. Não devemos ostentar, porque a Igreja de Jesus é dos simples. Quem não está aberto a receber a mensagem de Jesus com humildade, não será capaz de partilhar. O único poder que Jesus nos deu é o de saber servir com humildade o nosso irmão. Sirva e deixe a luz de Deus iluminar o seu coração!

O "santo" Dom Luciano Mendes de Almeida dizia: "Deus é bom". Se Deus é bom, o dízimo é bom, porque sustenta e mantém o plano de Deus nesta terra. Também ouvi dele num retiro espiritual que em sua diocese existia um padre simples, humilde e desapegado dos bens materiais. O seu estilo de vestir encantava o povo. A paróquia daquele padre era sustentada e mantida pelo dízimo e pela oferta dos fiéis. O povo segue o seu mestre. O que adianta ser rico de bens materiais e não ser feliz?

Sou encantado com a santidade de Dom Luciano. Nunca ouvi alguém falar com tanto amor das coisas divinas nesta terra. Ele amava o ser humano e acreditava na vida. Isso é fé!

Na catequese aprendemos que viver a fé exige compromisso. A nossa resposta a Deus deve ser a entrega espontânea do dízimo a Deus. Olhe para a simplicidade de Francisco de Assis, para a humildade da Mãe de Jesus e para a entrega de Jesus para nos salvar. A catequese é um ambiente para aprendermos a viver na simplicidade. Se você for uma pessoa humilde, a sua vida será abençoada. No coração de Deus habitam os humildes. Ser humilde é ser grato a Deus por tudo o que Ele nos deu. Não devemos nada para Deus. Tudo é dele. Faça a sua parte consagrando o seu dízimo na sua igreja.

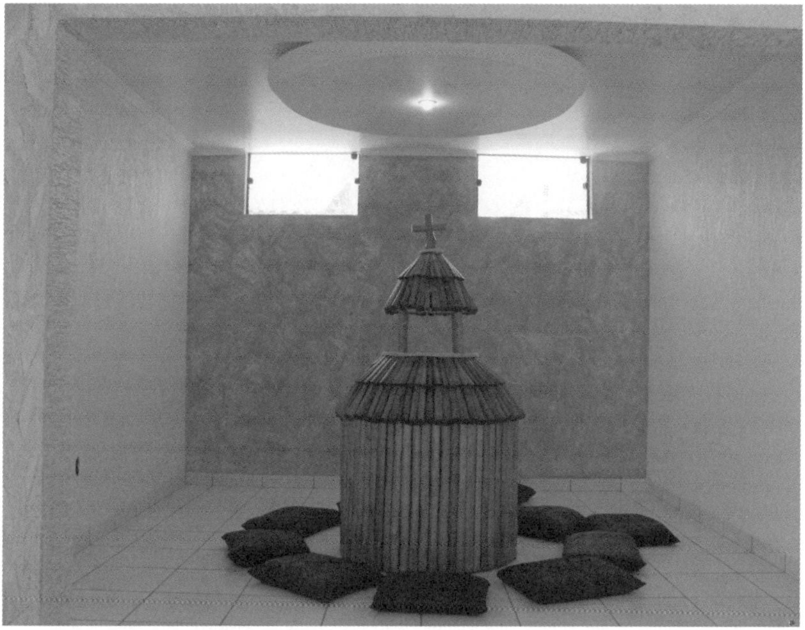

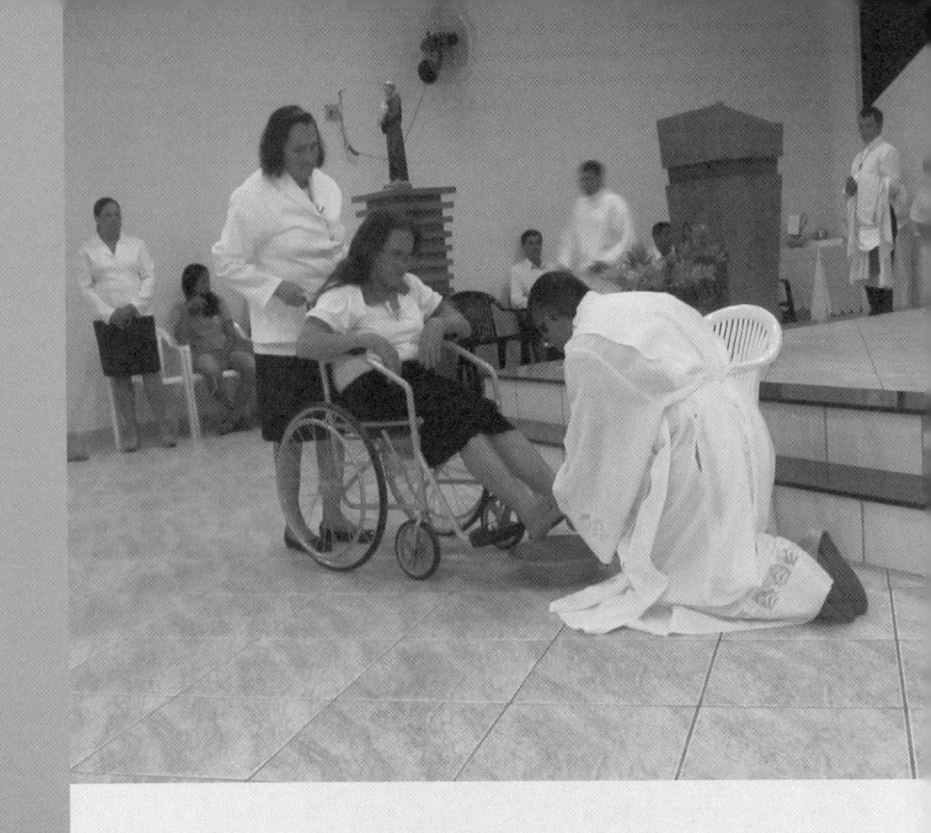

7. Os gestos

Os testemunhos são para mim o centro da catequese. O que seria do povo de Deus se não fosse a vivência comunitária? A comunidade é o centro das bênçãos de Deus. Na nossa comunidade existem crianças, adolescentes, jovens e adultos que consagram a Deus a décima parte dos seus rendimentos. Há crianças que recebem mesada e entregam com alegria o seu dízimo na igreja. Eles não trabalham como os adultos, mas os seus gestos são magníficos. Na catequese conhecemos o projeto de Deus para ser vivido em comunidade. Gostaria de relatar alguns gestos interessantes que acontecem em nossa comunidade.

Catequese, dízimo, partilha

Catequizamos as crianças com a Bíblia, o livro de nossa fé. É muito bom ensinar a partir da Bíblia. A Bíblia é fonte de água viva. Visite uma cachoeira ou uma fonte e perceba que a água escorre sem parar. A Bíblia é um livro do qual jorram bênçãos no coração dos fiéis. Na nossa comunidade fazemos gincanas bíblicas, tardes de lazer, jogos de futebol, teatro, festejamos os aniversários, partilhamos o bolo dos padroeiros e realizamos nosso alegre e maravilhoso almoço comunitário. Tudo é partilhado. Nada é comprado ou vendido. Isso não é um milagre de Deus?

O dízimo bíblico partilhado em comunidade é um gesto que podemos considerar semelhante ao dos primeiros cristãos. O dízimo e a oferta nascem a partir da vivência comunitária para o bem de todos. Há pessoas que usam o dízimo como meio de negociata com Deus. Isso não lhe agrada, mas sim uma comunidade que vive do dízimo colocado a serviço do bem comum.

O menino Francisco e sua Bíblia

Conheci uma criança de dois anos que corria pela igreja durante a missa. Não se importava com nada. Era um menino livre, simples, humilde e bacana. O nome dele era Francisco, um nome muito bonito. No Brasil, há muitas pessoas chamadas Francisco. Os pais escolhem esse nome por causa de São Francisco de Assis ou das Chagas, como é conhecido no Nordeste brasileiro. O nome Francisco representa os humildes da terra. São Francisco é chamado pai dos pobres e irmão da natureza. Amo Francisco e sua humildade! Ele soube partilhar o que tinha com os pobres. Na sua juventude gostava de festas e gastava o dinheiro com objetos sem valor. Lendo a Bíblia, conheceu a pessoa de Jesus Cristo e partilhou a sua vida e seus bens com os pobres.

O menino Francisco que corria na Igreja não entendia o que eu falava. Sorria! Olhei para o povo e disse: "É melhor esta criança começar a correr dentro da igreja do que correr na rua atrás de drogas". Passou-se um ano. Estava na porta da igreja e aquela criança vinha com uma Bíblia na mão. A Bíblia era pequena. Fiquei emocionado. Corri, abracei-o, beijei-o e fiz o sinal da cruz em sua testa. Olhei para ele e disse que Deus gostava de criança que andasse com a Bíblia. Sua mãe olhou para mim e disse: "Ele queria trazer a Bíblia para a igreja de qualquer jeito". Novamente o abracei e ele sorriu. A criança não sabia ler. O que ela fazia era beijar a Bíblia. "Beijar a Bíblia é beijar o rosto de Deus", dizia Santo Agostinho. É melhor a criança andar com a Bíblia para ir à igreja do que carregar droga. Gostou dos gestos do menino Francisco? Ele é o dez de Deus.

O missionário Paulo, prisioneiro por causa de Jesus, afirma: "Por isso, eu, prisioneiro no Senhor, peço que vocês se comportem de modo digno da vocação que receberam. Sejam humildes, amáveis, pacientes e suportem-se uns aos outros no amor" (Ef 4,1-2). A humildade é o gesto mais belo que existe na vida de um cristão. Nunca esqueça que é no coração de uma pessoa humilde que habita Deus. Onde Deus reside, aí mora um Filho da paz.

Aprendo cada dia com os gestos dos humildes. As crianças para mim são expressão do amor pleno de Deus. A criança é vibrante, alegre, destemida e ousada. Fui professor por alguns anos e pude perceber como elas assimilam com facilidade as coisas. As crianças são espertas. Dificilmente uma criança interessada em algo não aprende mais rapidamente que o adulto. Irei transcrever para você o testemunho do garoto Miguel:

O meu testemunho do dízimo

"Quando eu tinha uns 8 anos, eu já devolvia o meu DÍZIMO, só que eu não trabalhava; então, meu pai me dava uma quantia por mês para eu tirar o meu dízimo e comprar alguma coisa. Não tenho vergonha de falar: quando chegava o dia de devolver o dízimo, eu tinha gastado todo 'meu' dinheiro e também o que não me pertencia, que no caso era de Deus. Então, eu seria um *trambiqueiro*. Todavia, eu não achava isso e continuava fazendo o mesmo um mês após o outro; até que um dia, vi a minha mãe indo à igreja para uma reunião do dízimo e decidi ir junto. Depois desse dia, eu nunca mais parei de frequentar as reuniões; então, a cada reunião que eu ia era uma coisinha que eu aprendia, até que um dia pensei: 'Eu não estou fazendo a coisa certa com Deus, pois estou lhe roubando, de certa maneira'. Aprendi a devolver o meu DÍZIMO, e até hoje, com a graça de Deus, eu continuo e pretendo não parar."

Na época, o Miguel tinha 8 anos. Sinceramente, eu não sabia que ele prestava atenção na reunião, que era para os adultos. Fui fiel em transcrever o seu testemunho, não mudei nenhuma palavra, porque é importante preservar a fala do adolescente e a forma como observa as coisas. Acredito que na sua comunidade você encontrará crianças e adolescentes como o garoto Miguel, que deixa bem claro que não trabalha, mas que reserva uma pequena parte do que recebe do seu pai para a sua igreja. Ele escreveu em letras maiúsculas a palavra dízimo. É gratificante perceber que uma criança observa e começa a viver o que os adultos estão aprendendo. Não há idade para aceitar a Palavra de Deus como salvação.

O dízimo é uma ação que brota da força do Espírito de Deus. As palavras que o garoto Miguel escreveu, como *roubando* e *trambiqueiro*, são palavras fortes e mexem com nossa consciência. Creio que a partir desse ponto podemos continuar a viver uma nova experiência de Deus por meio do dízimo bíblico. Sempre é hora de mudar. Falar de dízimo é uma coisa, e vivenciá-lo é outra bem diferente. O que vai prevalecer no final são os gestos ou testemunhos que se vivem na comunidade.

Mensagem

"Somos aquilo que ouvimos. O coração do verdadeiro cristão é *uma biblioteca bíblica*" (Dom Orlando Brandes, arcebispo de Londrina, Paraná). Ame a Palavra de Deus e seja um dizimista para a glória e honra de nosso Deus.

Como é seu nome? Seja bem-vindo à nossa Igreja. Deus precisa de você.

O apóstolo Pedro deixa esta bela mensagem: "Pela obediência à verdade vocês se purificam, a fim de praticar um amor fraterno sem hipocrisia. Com ardor e de coração sincero amem-se uns aos outros. Vocês nasceram de novo, não de uma semente mortal, mas imortal, por meio da Palavra de Deus, que é viva e que permanece [...]. Como crianças recém-nascidas, desejem o leite puro da Palavra, a fim de que vocês, com esse leite, cresçam para a salvação, pois já provaram que o Senhor é bom" (1Pd 1,22-23; 2,2-3).

Conclusão

A Bíblia é o livro que conduz à eternidade. A fé em Deus deve ser para sempre. O dízimo bíblico não é uma invenção nossa. Ele é fruto da experiência de um povo que acreditava no único e verdadeiro Deus. Com essa alegria que brota do meu coração, posso afirmar: a comunidade que vive do dízimo e da oferta é fonte de bênção. Não poderia escrever para você sobre as maravilhas do dízimo e da oferta se não tivesse vivido isso em minha comunidade. Acredito que tudo pode ser diferente quando entregamos de coração toda a nossa vida para Deus.

Mesmo concluindo este livro, quero sempre deixar um espaço em minha vida para continuar falando daquilo que salva a Igreja: o dízimo bíblico.

Paulinas

Rua Dona Inácia Uchoa, 62
04110-020 – São Paulo – SP (Brasil)
Tel.: (11) 2125-3500
http://www.paulinas.com.br – editora@paulinas.com.br
Telemarketing e SAC: 0800-7010081